Werner Färber

Geschichten vom kleinen Maulwurf

Jllustrationen von Michael Schober

Loewe

Die Deutsche Bibliothek – CJP-Einheitsaufnahme

Geschichten von Markus Maul / Werner Färber.
Jll. von Michael Schober.
– 1. Aufl. – Bindlach : Loewe, 1995
(Lirum Larum Lesemaus)
JSBN 3-7855-2791-8
NE: Färber, Werner; Schober, Michael

JSBN 3-7855-2791-8 – 1. Auflage 1995
© 1995 by Loewes Verlag, Bindlach
Umschlagzeichnung: Michael Schober
Satz: Leingärtner, Nabburg
Gesamtherstellung: Offizin Andersen Nexö, Zwenkau
Printed in Germany

Inhalt

Der kleine Maulwurf   8

Das Nachtkonzert   16

Der Vulkan   22

Der rote Faden   30

Auf Reisen   40

Schlechte Nachrichten   48

Der kleine Maulwurf

Das ist Markus Maul,

der kleine . Markus Maul

lebt unter einer  mit

vielen bunten . Zwischen

den  stehen kleine braune

. Die hat alle Markus Maul

mit seiner  gemacht.

Unter der  hat der

kleine  eine  .

Darin stehen ein  , ein  ,

ein  und ein  .

Markus Maul hat sogar eine  .

Obwohl er als  fast blind ist.

Aber Markus Maul hat auch

eine  . Und für einen

mit  ist eine  nützlich.

Heute will Markus Maul keine

neuen  aufschütten.

Heute läßt er seine

in der  . Er setzt die auf.

Er nimmt ein  und geht

mit seinem  nach draußen.

Er stellt seinen  auf und

legt sich in die . Über ihm

zwitschern . Doch was ist

das? Alle seine  sind platt.

Der  springt auf. „Wer hat

meine  platt gemacht?"

brüllt er empört. „Welche

denn?" fragt jemand hinter ihm.

Markus Maul dreht sich um.

Zwei riesige  starren ihn an.

Eine  steht kauend auf

der  . Hinter der  sind

noch mehr  . Alle glotzen

den kleinen  an. „Jhr könnt

 fressen, soviel ihr wollt!"

ruft Markus Maul wütend.

„Jhr könnt sogar die schönen

fressen. Aber meine  laßt

ihr in Ruhe! Sonst passiert was!"

Was sonst passiert, weiß der

kleine  selbst nicht.

Aber die  wollen

ab sofort auf die 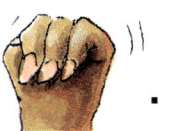 achten.

Markus Maul droht mit der .

„Wehe, wenn nicht!" Dann holt er

seine . Heute kann er

nicht in der  liegen. Erst muß

er neue  aufschütten.

Das Nachtkonzert

Der  steht dick und rund über

der ⬚. Markus Maul wälzt

sich im ⬚ herum. Er kann

nicht schlafen. Die ⬚ zirpt,

der ⬚ heult und die ⬚

quaken im ⬚. Müde tastet

der ⬚ nach seiner ⬚ .

Er schultert seine  und

geht hinaus. „Hallo Markus!"

ruft die  . „Was möchtest du

spielen? Die  , die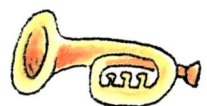

oder vielleicht die  ?"

„Jch habe nur meine  ",

sagt Markus Maul. „Jch setze mich

auf meinen  und höre zu."

„Du sollst aber mitmachen", sagt

die  . Sie fragt den  ,

was der  spielen könnte.

Nachdenklich betrachtet der

Markus Maul. Dann sieht er

die  . „Jch hab's", ruft

der  plötzlich. „Die

muß uns helfen." Der  sagt

der  , was sie machen soll.

Sie kommt aus ihrem  und

spinnt einen besonders dicken  .

Der  bindet den

an der  fest. So bekommt

Markus Maul eine kleine .

Noch immer steht der  dick

und rund über der  .

Die ![frog][frog] quaken, der ![dog]

heult, die ![grasshopper] zirpt, und

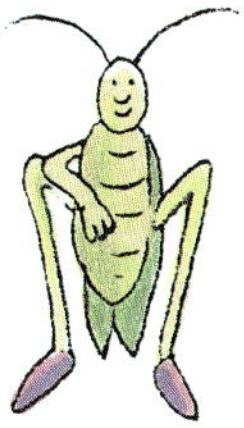

Markus Maul zupft die ![guitar] .

Der Vulkan

Markus Maul steht auf einem

seiner vielen  . Die

brennt heiß auf die

Das  ist schon ganz gelb.

Die  sind verwelkt.

Der kleine  wünscht sich

eine dicke, fette  .

Plötzlich reckt Markus Maul seine

 hoch. Was riecht denn hier

so merkwürdig? Weshalb steigt

 aus einem seiner ?

Gibt es mitten auf der  einen

richtigen  ? Ob der

gefährlich ist? Vielleicht spuckt

er  ? Vorsichtig schleicht

der kleine  näher heran.

Er bleibt stehen und stützt sich

auf seine . Er schnuppert

noch einmal. Dann fällt es

Markus Maul wieder ein. „Ach

herrje!" ruft er. „Mein !"

Er läßt die  fallen, schnauft

dreimal tief durch und rennt

in seine  . Er reißt den

auf und nimmt ein  .

Er packt den rauchenden

und rennt hinaus auf die  .

„Schade", sagt der kleine  .

Der  ist schwarz.

Markus Maul wirft ihn ins  .

Dort raucht der  vor sich hin.

„Zu dumm", sagt Markus Maul.

„Wenn nur die  nicht

anbrennt." Da macht es leise

plitsch. Der  hebt den  .

Über der  schwebt eine

dicke  . Da macht es leise

platsch. Es regnet riesige .

Das  wird wieder grün.

Auf der  blühen

neue   . Und der

raucht auch nicht mehr.

Der rote Faden

Markus Maul kommt gerade aus

seiner  . Vor ihm im

sitzt die  Agatha und weint.

„Was ist denn mit dir los?" fragt

der  . „Jch habe meinen

 verloren", klagt Agatha.

„Mein  ist verschwunden."

Sofort ruft der kleine  alle

zusammen. Sie müssen der

unbedingt helfen. Der

macht sich davon und sucht

nach dem verlorenen  .

Auch das  will helfen.

Es klettert den  hinauf.

Jn seinem  findet es

eine , eine  und

einen . Aber nichts, was

die  wirklich brauchen könnte.

Die  bietet ein  an.

„Das ist lieb", sagt Agatha traurig.

„Aber mein 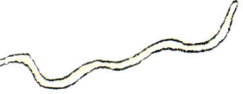 muß viel

dünner sein." Der kleine

nimmt nachdenklich sein

heraus und putzt seine  .

„Jch hab's", ruft er plötzlich.

Die , das und die

bleiben verwundert zurück.

Mit seinem  kommt

Markus Maul wieder. Er wühlt

darin herum.  fliegen

ins . Er pikst sich an

einer . Endlich findet er

einen hauchdünnen roten .

„Versuch es mal damit", sagt

der . Vorsichtig nestelt

die  daran herum.

Dann lächelt sie und spinnt

ein leuchtendrotes  .

Als der  zurückkommt, setzt

er sich erschöpft auf einen  .

„Den ganzen  habe ich

abgesucht", krächzt er. Doch dann

hält er plötzlich den

Er hat zwischen den

im  das neue rote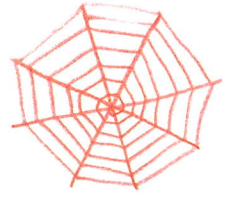

entdeckt. Und die  ist nicht

mehr traurig. Jhm fällt ein

vom  . Zufrieden sammelt

Markus Maul die  ein.

Dann bringt er seinen

dahin, wo er hingehört.

Auf Reisen

Markus Maul belegt ein

mit 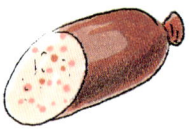 und eines mit .

Dann steckt er noch einen

ein. Der kleine  will

verreisen. Aber er verreist nicht

mit dem  und auch

nicht mit dem .

Er steigt schon gar nicht in

ein  . Markus Maul verreist

nur mit seiner  . Er will

einen langen  graben.

Mindestens bis zu der  ,

an der seine  endet.

Markus Maul gräbt, bis er müde

und hungrig ist. Der

ist längst aufgegangen.

Der kleine  ißt ein belegtes

 und legt sich hin. Als er

wieder aufwacht, hüpft ein

an ihm vorüber. Um ein

zu treffen, muß man weit reisen.

Viel weiter, als ein  buddeln

kann. Das weiß Markus Maul

aus einem  . Oder reicht

sein  schon durch die

ganze  ? Markus Maul ißt

den  und gräbt weiter.

Als er wieder nach oben kommt,

steht ein  vor ihm. Später

trifft er noch eine  und

einen  . „Jch dachte, die

ist größer", sagt Markus Maul.

Schließlich begegnet ihm ein  .

Der fragt: „Bist du nicht der

von nebenan?" „Woher kennst du

mich?" will Markus Maul wissen.

„Du wohnst doch gleich hinter

der  ", sagt der  .

„Von meinem  aus kann ich

deine  sehen." Markus Maul

dreht sich um. Ach ja, die .

Da weiß der kleine

endlich, wohin er gereist ist:

Jn den

Schlechte Nachrichten

Markus Maul sitzt am 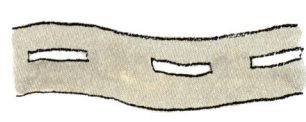 und

blättert in der . „Neue

 geplant!" steht dort

geschrieben. Der kleine

reißt entsetzt die auf.

„Das ist doch meine ",

sagt Markus Maul empört.

Er hat sie auf dem  in der

erkannt. Plötzlich wackelt die 🛢.

Die ganze 🕳 zittert.

Der kleine  geht hinaus,

um zu schauen, was da los ist.

Direkt vor ihm steht ein .

Er trägt einen  und schwingt

einen schweren . Damit

haut er einen  in die .

Ein   fängt an zu baggern.

Ein  entlädt 🪨.

„Oje", sagt Markus Maul. „Meine

arme ." Erst ist der

kleine  völlig ratlos.

Dann rennt er in seine

und packt. Er packt viele  .

Eine  nach der anderen.

Und was macht Markus Maul mit

den vielen  ? Er schleppt

sie durch den langen ,

den er gegraben hat.

Direkt neben dem  des

hat er nämlich eine  gesehen.

Die sieht aus wie seine alte.

Genau dort wird er sich eine

neue  einrichten.

Und dann muß der kleine

bestimmt nie wieder umziehen.

Denn wer baut schon im

eine neue  ?

Die Wörter zu den Bildern:

 Maulwurf

 Tisch

 Wiese

 Herd

 Blumen

 Lampe

 Hügel

 Brille

 Schaufel

 Buch

 Höhle

 Liegestuhl

 Bett

 Sonne

 Stuhl

 Vögel

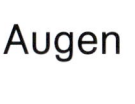 Augen  Flöte

 Kuh 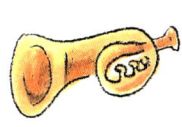 Trompete

Gras 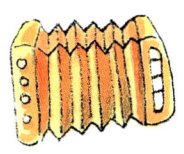 Ziehharmonika

 Faust  Uhu

Mond  Spinne

 Grille  Netz

 Hund  Faden

 Frösche  Gitarre

 Teich  Wolke

 Nase

 Rabe

 Rauch

 Eichhörnchen

 Vulkan

 Baum

 Feuer

 Nest

 Kuchen

 Feder

 Backofen

 Eichel

 Geschirrtuch

 Zapfen

 Kopf

 Katze

 Tropfen

 Wollknäuel

 Taschentuch

 Herz

Nähkorb

 Brötchen

 Knöpfe

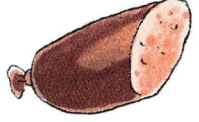 Wurst

 Nadel

 Käse

 Ast

 Apfel

 Wald

 Auto

 Schnabel

 Zug

 Blätter

 Flugzeug

 Stein

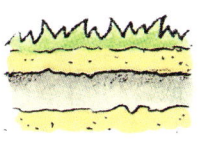 Tunnel

 Mauer

 Straße

 Känguruh

 Bild

 Erde

 Mann

 Bär

 Helm

Giraffe

 Hammer

 Tiger

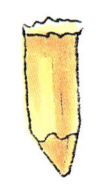 Pfahl

 Affe

 Bagger

 Zoo

 Lastwagen

Zeitung

 Kisten

 Käfig